SÉRIE ESSENCIAL
ACADEMIA BRASILEIRA DE LETRAS

Diretoria de 2012
Presidente: *Ana Maria Machado*
Secretário-Geral: *Geraldo Holanda Cavalcanti*
Primeiro-Secretário: *Domício Proença Filho*
Segundo-Secretário: *Marco Lucchesi*
Tesoureiro: *Evanildo Cavalcante Bechara*

COMISSÃO DE PUBLICAÇÕES

Alfredo Bosi
Antonio Carlos Secchin
Ivan Junqueira

Série Essencial | Concepção e coordenação
Antonio Carlos Secchin

Produção editorial
Monique Mendes
Revisão
Gilberto Araújo
Projeto gráfico e Editoração eletrônica
Estúdio Castellani | *Imprensa Oficial do Estado de São Paulo*
Caricaturas
J. Bosco

Catalogação na fonte:
Biblioteca da Academia Brasileira de Letras

S233   Santarrita, Marcos, 1941-2011.
            Félix Pacheco : cadeira 16, ocupante 2 / Marcos Santarrita. – Rio
        de Janeiro : Academia Brasileira de Letras ; São Paulo : Imprensa Oficial
        do Estado de São Paulo, 2012.
            68 p. ; 19 cm. – (Essencial ; 55)

            ISBN 978-85-7440-236-9 (Academia Brasileira de Letras)
            ISBN 978-85-401-0075-6 (Imprensa Oficial)

            1. Pacheco, Félix, 1879-1935. I. Título. II. Série.

                                                            CDD B869.92

Esta edição adota o novo *Acordo Ortográfico da Língua Portuguesa.*

055

Série Essencial

Félix Pacheco

Cadeira 16 / Ocupante 2

Marcos Santarrita

Academia Brasileira
de Letras

imprensaoficial
GOVERNO DO ESTADO DE SÃO PAULO

Félix Pacheco

Marcos Santarrita

Os faróis e os escolhos,
Os pássaros e as feras,
Invernos e verões, outonos, primaveras
Têm o mesmo valor
Em tudo são iguais
A guerra e a paz,
O amor
E a morte.
A estrela, o sapo,
O crepúsculo, a aurora,
O norte
E o sul,
Uma nuvem, um trapo,

O ente que ri, o ente que chora,

O azul

E o lodo,

O dia, a noite,

Um espinho, uma rosa, um beijo ou um açoite.

Todo o universo que vês é é um só nevoeiro imenso

E denso,

Branco, uniforme, impreciso,

Um nevoeiro vago,

O caos de onde sairão inferno e paraíso,

O campo, o vale, o monte, o rio, o mar, o lago,

Quando chegar o tempo onipotente,

O sopro animador, o grande sopro forte

Dia virá – o céu escute o crente! –

❧

Estes versos de Félix Pacheco, escritos no princípio do século passado e transcritos na íntegra na segunda parte deste livro, Antologia, lembram alguma coisa? Não, o autor de "Luxúria Branca" não era tão bom poeta quanto o de "Águas de Março", o saudoso Maestro Antonio Carlos Jobim, mas ainda assim disse, e com que classe e talento, a que veio. O inspirador dos institutos de identificação que levam o seu nome por todo o país foi homem de muitas facetas: conhecido como Oncinha na juventude pela índole rebelde, revelou-se depois panfletário, conservador, poeta, repórter de polícia, dono de jornal, político, chanceler.

Como costuma acontecer aos jovens rebeldes, porém, também neste caso verificou-se a regra segundo a qual eles sempre começam incendiários e terminam bombeiros. O futuro acadêmico, afinal, acabou, como se diz, por deixar o nome na história como não exatamente policial, mas introdutor no Brasil do método datiloscópico, para identificar criminosos pelas impressões digitais.

Nascido em Teresina, Piauí, a 2 de agosto de 1879, onde cursou o primário no Colégio Kardec, Félix também causava preocupação ao pai, o Juiz Gabriel Luiz Ferreira, que tratou de levá-lo, aos 12 anos, para o Rio de Janeiro e matriculá-lo no Colégio Militar. Filho de família privilegiada, passou a morar no então Distrito Federal, sede do governo brasileiro, com o tio, o senador Teodoro Alves Pacheco. Pouco propenso às matemáticas, não abraçou a carreira das armas e entrou na Faculdade de Direito, onde conheceu os colegas, futuros literatos e boêmios que formariam a segunda geração dos simbolistas, inspirados pelo grande poeta negro catarinense Cruz e Souza, ligados à revista *Rosa-Cruz*: Saturnino de Meireles, Gonçalo Jácome, Maurício Jubim e Castro Meneses.

Ainda aos 18 anos escreveu um estudo sobre Evaristo da Veiga, publicado no *Jornal do Commercio*, o que marca portanto sua estreia na imprensa carioca. Mas lançou-se mesmo com *Chicotadas, Poesias Revolucionárias* – cujo título já diz tudo – onde declarava guerra à Espanha e pedia aos povos latino-americanos que se unissem contra os Estados Unidos. Naturalmente, ao ligar-se à polícia como repórter, tal pecadilho foi não bem renegado, mas "esquecido" – o autor não a incluía entre as obras publicadas. Assim, a estreia de fato passou a ser *Via Crucis*, de 1900.

Segundo Cícero Sandroni, no livro sobre os 100 anos do *Jornal do Commercio*, José Félix Alves Pacheco distinguia-se nas rodas literárias e boêmias do Rio de Janeiro na época pela inteligência viva e os comentários iconoclastas, onde a maledicência dos moços escritores se voltava contra as instituições culturais conservadoras, a exemplo, vejam só, da Academia Brasileira de Letras, a que iria integrar-se ainda jovem. Para Luiz Edmundo, em *O Rio de Janeiro de meu Tempo*, ele impressionava os amigos, "alarmando o estreito meio literário em que vivíamos com suas gravatas estapafúrdias, as suas frases loucas e as suas atitudes escandalosas".

Apesar disso, sempre achava tempo para os estudos e ensaios, em especial de poetas franceses como Verlaine, Rimbaud, Mallarmé e outros. Primeiro tradutor de Baudelaire no Brasil, publicou trabalhos sobre o autor de *As Flores do Mal*, que culminaram com o discurso feito a 24 de novembro de 1932, "Baudelaire e os Poderes da Imaginação", além de três plaquetes publicadas no ano seguinte, *O Mar através de Baudelaire*, *Paul Valéry e o Monumento de Baudelaire em Paris* e *Baudelaire e os Gatos*.

Simbolista na juventude, sofreu influência da estética parnasiana. Alceu de Amoroso Lima (Tristão de Athayde) apontou o equívoco do poeta piauiense ao analisar a transição por ele sofrida:

> O livro simbolista, autocrático, filosofante ou mesmo filosófico e cheio de altas evocações e surto de ambições, era a verdadeira messe do seu engenho opulento e intricado. O mais não passou de flor exótica e artificial do seu estro.

Concluído o curso de Direito em 1899, diz Sandroni, Félix conseguiu um lugar de repórter no jornal *O Debate*, e dois anos depois, com o fim desse periódico, empregou-se na seção de polícia do *Jornal do Commercio*, dirigido então por José Carlos Rodrigues. O ingresso nessa publicação conservadora causou espanto aos companheiros de farra. Ainda segundo

Luiz Edmundo, o jovem iconoclasta trocou "o soneto de Baudelaire pela descrição do incêndio da Camisaria Lopes, a estrofe de Mallarmé, ou a de Verlaine, pelas façanhas de Manduca Colombo, conhecido assassino".

Para o cronista do Rio antigo, os amigos esperavam que "a mocidade trepidante do poeta a rebentar em iras contra toda a sorte de convencionalismos, em desafogos e rebeldias, não se acomode à forma burguesa e conservadora da sisuda gazeta". Félix, continuava, "vê minguar os arroubos febris da sua juventude, ao ponto de mais tarde ser inteiramente absorvido pelo ambiente onde se introduz". Assim, descobre-se enquadrado nas rígidas normas do jornal cuja seção "Várias", título (no masculino) da coletânea de ensaios citada na Seleta, e os editoriais sobre política, economia e diplomacia, muitas vezes derrubavam ministros – e lá permaneceria até a morte, depois de comprar o jornal.

Ainda repórter, conta Cícero Sandroni, o filho de Maria Benedita Cândida da Conceição Pacheco desposou Dora Vianna Pacheco, com quem teve duas filhas, Inês (Inesita), e Marta. Depois, o trabalho na seção de polícia do jornal levou-o ao serviço público, e no 3.º Congresso Científico Latino-americano, em Buenos Aires, conheceu as técnicas de identificação datiloscópica, que introduziu no Brasil e deu o seu nome a todos os institutos do gênero no país. Organizou e renovou o Gabinete de identificação e Estatística da Polícia do Distrito Federal, mais tarde denominado Instituto Félix Pacheco, que dirigiu durante seis anos.

Em pouco tempo ascendeu à secretaria do *Jornal do Commercio* e em 1909 era o homem de confiança do proprietário, José Carlos Rodrigues, que nas viagens ao exterior lhe entregava os assuntos políticos da redação. Isso lhe valeu a experiência em política internacional que resultou, entre outros, no ensaio publicado na Antologia, *A Política Internacional Argentina e os Armamentos*, como a passagem pelo Colégio Militar lhe deu substratos para o brilhante estudo sobre Euclides da Cunha.

Amigo de políticos e ministros, entre os quais o Barão do Rio Branco, chanceler que depois do expediente no ministério frequentava a redação do *Jornal do Commercio*, onde escrevia na mesma seção "Várias" sobre os assuntos internacionais e as relações diplomáticas do Brasil, Félix voltou-se para a política e naquele ano elegeu-se deputado federal pelo Piauí, cargo para o qual se reelegeu sem interrupção até 1921, quando passou ao Senado.

Nesse período, não esqueceu a literatura e continuou a publicar poemas, mas essas obras, escritas na época de transição do Parnasianismo ao Simbolismo, não mereceram citação na *Apresentação da Poesia Brasileira*, de Manuel Bandeira. A 14 de agosto de 1913, tomou posse na Cadeira 16 da Academia Brasileira de Letras, na vaga de Araripe Júnior, onde o acolheu Souza Bandeira, em cujo discurso não deixou de aludir, em tom jocoso, às críticas do jovem incendiário àquela casa.

Eleito presidente da República em 1922 Artur Bernardes, governador de Minas, esperava-se a nomeação de Afrânio de Mello Franco, experiente político e diplomata, para a chancelaria brasileira. Mas o novo mandatário, receoso de Afrânio, expoente da política mineira que podia fazer-lhe sombra, alegou "evitar especulações em torno da entrada de mineiros para os conselhos do governo" e escolheu em vez disso o Senador Félix Pacheco. Sem grande experiência prática no ramo, o jornalista renunciou ao mandato, licenciou-se da redação e assumiu a chefia do Itamarati em novembro daquele ano.

Como ministro de Relações Exteriores, ainda em 1922, o novo chanceler levou o Brasil a ser o primeiro país a criar, em Genebra, uma embaixada na Liga das Nações, precursora da Organização das Nações Unidas, então presidida por Afrânio Mello Franco, que, segundo instrução de Bernardes, transmitidas por Félix, apresentou a candidatura brasileira a membro permanente do Conselho. Para o presidente, essa aspiração tornou-se tema prioritário da política externa, e nesse sentido orientou Mello Franco, embora sem apoio das grandes potências, sobretudo após a assinatura do Tratado de Locarno.

A proposta original brasileira sugeria a criação de mais dois lugares permanentes no Conselho da Liga, ocupados em caráter provisório pelo próprio Brasil e a Espanha, e depois transferidos para a Alemanha e os Estados Unidos. Apesar dos esforços de Afrânio, a falta de apoio dos países latino-americanos e a oposição da Grã-Bretanha inviabilizaram a pretensão de Bernardes. Em consequência, por ordens do presidente passadas mais uma vez a Mello Franco por Pacheco, o Brasil vetou o ingresso da Alemanha, o que isolou o país da Sociedade das Nações e mais tarde nos levou a abandonar a Liga em 1926.

Em 1915, José Carlos Rodrigues vendeu o *Jornal do Commercio* ao diretor comercial Antonio Ferreira Botelho. Oito anos depois, este procurou um comprador para o jornal e Assis Chateaubriand interessou-se pela transação, que só não se realizou por intervenção de Félix Pacheco junto a Artur Bernardes, adversário político do pretendente. Mais tarde, em 1924, a publicação acabou vendida a Félix, que, ainda chanceler, entregou a direção ao jornalista Victor Viana.

A posse, a 16 de novembro de 1926, do novo presidente da República, Washington Luís, um adversário político, obrigou Félix Pacheco a deixar o ministério de Relações Exteriores e reassumir a direção do *Jornal do Commercio*. No ano seguinte, embora fosse o mais votado no Piauí, não conseguiu eleger-se, porque o presidente conseguiu do Senado a diplomação do segundo colocado, o Marechal Pires Ferreira, político da oligarquia local ligado a interesses de São Paulo.

O periódico de Félix passou a criticar o governo, e na sucessão apoiou a candidatura de Getúlio Vargas, da Aliança Liberal. Durante a campanha, publicou entrevista do ex-presidente Epitácio Pessoa, com a manchete "As Vergonhas da Situação Política e a Covardia Prepotente do Presidente da República".

Sob a direção de Félix Pacheco, o *Jornal do Commercio* apoiou a Revolução de 30, que pôs Getúlio no poder, permaneceu neutro na paulista de 1932, e a 16 de julho de 1934 saudou a nova Constituição inspirada nos regimes fascistas da Europa. Nos últimos anos de vida, o acadêmico voltou aos estudos de História, sobretudo do seu jornal, e literários. Faleceu a 6 de dezembro de 1935, no início do Estado Novo.

Melhor ensaísta que poeta, apesar de prolífico nesse gênero (lançou livros de versos até o ano em que morreu), esses textos de Félix Pacheco são na verdade tão enxutos, tão modernos, que melhor seria tê-los transcrito na íntegra, e só não o fizemos pela exiguidade de espaço. Pelo mesmo motivo, suprimiram-se as notas de pé de página e as poesias de Euclides.

Além dos dois primeiros livros de poesia citados, publicou ainda *Mors Amors* (versos, 1904), *Amores Alvos* (versos, 1904), *Luar de Amor* (versos, 1906), *Poesias* (1914), *Inesita* (1915), *Marta* (1917), *Tu só Tu...* (1917), *No Limiar do Outono* (1918), *Lírios Brancos* (1919), *O Pendão da Taba Verde* (1919). *Estos e Pausas* (1920), *Em Louvor de Paulo Barreto* (1922), *Poesias* (1932), *A Aliança de Prata* (1923) e *Descendo a Encosta* (1935).

Os trechos dos ensaios e discursos publicados a seguir saíram originalmente em opúsculos independentes, cada um com o título dado ao texto, mas foram reunidos no volume *Vários*; daí repetir-se a numeração de algumas páginas. Constituem autênticas aulas de análise política, crítica literária e às vezes pura e simples arte da retórica, que Félix Pacheco tão bem exercitou.

Dois Egressos da Farda – O Sr. Euclides da Cunha e o Sr. Alberto Rangel*

O presente artigo apareceu, sem assinatura, no *Jornal do Commercio* de 23 de julho de 1908. Era um estudo de ocasião, concebido e escrito no atropelo de meus labores profissionais. Euclides da Cunha viveu um ano a instar comigo para a publicação deste trabalho em folheto. Relutei sempre. Na antevéspera do dia em que ele devia morrer assassinado miseravelmente, insistiu no pedido e trouxe-me o panfleto *Fora de Forma*, do Sr. Alberto Rangel, que finalmente achara em sua biblioteca e do qual eu necessitava para completar a fisionomia literária do autor de *Inferno Verde*. A 15 de agosto estala a tragédia bestial, e não sei como retoque agora o meu ensaio. Prefiro reeditá-lo tal qual saiu na imprensa, com a simples adição de umas três ou quatro notas. É uma sincera homenagem que presto à memória do incomparável amigo, que foi um dos mais poderosos espíritos de meu país e um dos homens mais dignos que tenho conhecido.

Abrindo o *Inferno Verde* do Sr. Alberto Rangel, e vendo, no fim do prefácio, a assinatura do Sr. Euclides da Cunha, a atenção do leitor é logo solicitada para um fato comum,

---

* *In*: *Vários*. Rio de Janeiro: Typ. do Jornal do Commercio, de Rodrigues & Cia, 1909, pp. 1-21.

que os identifica e reúne em uma só característica. Mestre e discípulo, ou se quiserem – colegas, o prefaciador e o autor começaram ambos a vida no Exército e desgarraram mais tarde por outras bandas. São, portanto, dois egressos da farda; e a crítica tem direito de remontar-se às origens para saber a razão desse descaminho.

Quando, como e por que esses engenheiros militares renunciaram aos seus galões e se atiraram às letras? Que profundos sentimentos íntimos e que fortes pressões de ordem mental determinaram semelhante incompatibilidade entre os dois educandos da Praia Vermelha e a profissão das armas? Qual a causa real do passo que deram? Foi uma aversão inata pelo cânone da carreira ou foi uma simples ojeriza eventual?

Matemáticos um e outro, por força iniciados nessa rígida filosofia, que tudo subordina ao conceito de relatividade e dentro da qual o homem é um emparedado sem asas, admira que se desprendessem do uniforme e abjurassem a disciplina, trocando sem pesar a espada de oficial pelos encantos da liberdade civil, com a agravante de se dedicarem também à vida de imaginação e de arte, em que tudo se resume numa vertigem sem repouso, espécie de glória dos desconsolados em busca da suprema beleza inatingível.

Temos elementos para tentar a explicação e vamos aventurá-la. Sem isto, ficaria evidentemente incompleta a notícia que devemos dar do livro do Sr. Alberto Rangel, ao qual serve de paraninfo o celebrado autor de *Os Sertões*.

Os dois procedem do mesmo instituto e foram contemporâneos, o que quer dizer que aprenderam juntos. Mas o Sr. Alberto Rangel passou quase sem destaque na velha Escola Militar, e o Sr. Euclides da Cunha, pelo contrário, soube, nessa época, deixar ali e fora dali um traço de independência, que ficou sendo até hoje a definição do seu caráter.

É esse traço de independência que convém recordar, para estabelecer de vez a gênese do pensador e poeta, que há alguns anos irrompeu como um bárbaro em nosso meio literário, conquistando de supetão um belo lugar e esmagando, pela audácia de seu inesperado aparecimento, alguns protestos mal ensaiados, que logo se retraíram, no pavor de que também os alcançasse o vândalo nessa primeira excursão.

❧

É geralmente sabido que o Sr. Euclides da Cunha cometeu, quando moço e soldado, por amor da República, que era o grande sonho de sua geração, um ato de grave indisciplina, saindo de forma e tentando quebrar, indignado, o sabre, na presença do penúltimo ministro da Guerra da Monarquia.

O sopro demolidor da propaganda transpusera o "baluarte" da Escola e a doutrinação pertinaz de Benjamim ia acelerando no coração dos jovens militares o amor pela ideia nova.

O Sr. Euclides da Cunha foi o primeiro insubmisso nesses tempos afastados de mera preparação e de simples ensinamento. A maioria conspirava tacitamente, escutando os apóstolos e lendo os doutrinários, num trabalho surdo e vagaroso; ele, porém, preferiu desde logo, numa hora solene, a reação tempestuosa.

Pasmaram todos da loucura cometida; e o próprio regime, que daí a pouco principiaria a estremecer, viu-se na contingência de capitular o crime como um ato de demência, evasiva ridícula, a que nenhum médico sério quis emprestar o seu nome.

A estupefação durou dias; e, quando a autoridade emendou a mão e transferiu o rebelde do hospital para a fortaleza, o Imperador interveio e mandou soltá-lo, esquecido de que o Conde de Lippe impunha que ele fosse enforcado.

Pode-se dizer que, desde esse dia, a revolução começou a triunfar. Não era mais a doutrina difundindo-se à socapa, minando, crescendo; era o fato brutal impondo-se, a realidade inevitável anunciando-se com estrépito.

Como quer que seja, e ainda na melhor das hipóteses, a insubordinação foi violenta demais para que se pretendia justificá-la. Houve uma tremenda injúria à disciplina, uma transgressão inqualificável das leis de obediência e respeito, que constituem por assim dizer o fundamento dos exércitos. O aluno militar divorciara-se das armas, revelando-se mais do que inepto, hostil à carreira, incompatível com ela.

Digamos desde já que esse divórcio vinha de detrás, sem que ninguém o adivinhasse ou percebesse.

Só os temperamentos vibráteis e sonhadores podem ter daqueles ímpetos. Os estudos matemáticos e a vida de quartel não haviam logrado comunicar ao espírito desse terceiranista a frieza e rigidez, que lhes são peculiares.

Contra a poesia nativa, contra o fogo sagrado, contra as grandes intuições, que só o sentimento desperta e provoca, nada valem as fórmulas da álgebra nem o aperto dos cinturões.

O soldado pode ser um artista, na expressão comum da palavra; há-os muitos e até brilhantes; mas aquele que for deveras um espírito criador, um coração combatente e um perseguido do sonho da beleza eterna, não caberá jamais dentro da farda, procurará evadir-se a todo transe, libertar-se, florir, viver...

No caso particular do Sr. Euclides, por uma verdadeira anomalia, parece até que a educação científica e militar lhe houvesse ajudado o surto para o ideal.

Ele voltou ao exército, mas voltou como Paul Louis Courier, para se convencer de que o panfletário, ainda que seja um herói forrado de um técnico, precisa de liberdade sem reservas, para se expandir, para se aperfeiçoar e para comover. Voltou correndo, para apanhar em meio do caminho, na manhã de 15 de novembro, a "Imortal Companhia de Guerra", constituída pelos seus antigos condiscípulos, e entrar em forma, à paisana, tal qual estava, na ânsia de pelejar pela sua fé.

Deodoro, na tarde do dia imediato, apertou-o num amplexo carinhoso, mas estranhou vê-lo sem a farda. O engenheiro civil não vacilou. Saiu dali para o pátio do Quartel General e, tomando do primeiro cavalo, escanchou-se na sela e disparou para a Praia Vermelha, sem que ninguém pensasse detê-lo no seu ardor de Quixote sem elmo e sem couraça. Chegar à Escola, correr cabides nos alojamentos, em procura de um uniforme, e voltar no mesmo rocinante, ainda mais desengonçado e esquerdo, com calças alheias, um dólmã em que o próprio Sancho Pança caberia à larga e um quepe cheio da vacuidade do macrocéfalo seu dono, tudo isso foi obra de relâmpago.

O rebelde de 1888 estava reintegrado e já de galão nos punhos, para ganhar o tempo perdido e matricular-se na Escola Superior de Guerra, onde se achavam agora os colegas que deixara ao passar a contragosto para a Politécnica.

Essa promoção atropelada e tumultuária foi um dos muitos incidentes pequeninos daquela grande jornada. Reve lou-se ainda uma vez aí, na pessoa do Sr. Euclides, o desazo do soldado à força, a sua falta de jeito e de feitio, uma espécie de inabilidade orgânica para a profissão. Todo aquele fogo era superficial. Debaixo do ilusório entusiasmo desse alferes bisonho jaziam adormecidas as suas inclinações ingênitas, as suas qualidades intrínsecas de escritor, reveladas mais tarde com tamanha intensidade. O novel oficial não perdera uma só das suas primeiras características; estas deviam persistir, persistiram, persistem ainda, passados vinte anos, e persistirão, enquanto ele viver, para glória de nossa literatura.

A revolução militar de 15 de novembro foi para o Sr. Euclides da Cunha o primeiro balouço do trampolim trágico, a que se referiu o notável mestre Dr. Araripe Júnior no seu luminoso paralelo, *Dois Grandes Estilos*.

Os leitores conhecem a alegoria:

Meninos sertanejos, de volta da escola, encontram, num desvão do caminho, uma aroeira colossal à beira de escura grota, e, pendentes da árvore, uns cipós fortes, a que sem demora prendem uma travessa para o perigoso brinquedo. O mais afoito, que devia ser naturalmente o mais vivo e o mais trêfego, leva muito alto o impulso, uma das cordas improvisadas cede, o balanço desarma-se de um lado e o diabrete despenca e vai cair no fundo do precipício. À noite, a muito custo, retiram-no de lá; e, com o andar do tempo, verifica-se que o pequeno folião mudara profundamente. O seu caráter fundira-se; a sua vivacidade primitiva transformara-se e ele agora "espantava os pais pelos conceitos que emitia e pela atenção que prestava a tudo com uma curiosidade nova e perfurante".

O Sr. Euclides, reintegrado nas fileiras, ainda se balouçava no vácuo, alheio, cego, suspenso no ar, subindo e voltando, sem consciência do perigo e como que desconhecido de si mesmo...

Só quatro anos mais tarde lhe sobreveio a horrível queda de que devia resultar a sua revelação definitiva.

Em plena revolta, bravo como os que mais o fossem, esforçado, leal ao seu dever, armando trincheiras, cavando fossos, removendo canhões, sob o esfuziar da metralha de bordo, foi que ele sentiu o horror em que se abismava e o destino a que ia prender por toda vida o seu próprio pensamento, como um calceta pusilânime.

Também Courier, o panfletário inigualável, batalhando como um verdadeiro herói no assédio de Civita Vecchia, chorava a mutilação da Vênus da Villa Borghese, e o saque feroz a que a soldadesca se entregava nas cidades conquistadas da Velha Itália gloriosa...

Não é que o Sr. Euclides assistisse aqui a esses vilipêndios da tropa contra os monumentos e primores da arte, nem nós possuímos jamais tais tesouros. Mas parece impossível que, no seu íntimo, o espírito literário não estivesse a bradar contra a ignomínia das guerras, origem perpétua da malversão do caráter, e contra a rotina militar, ou melhor, contra a própria natureza da profissão das armas, que não permite aos corações emancipados e às inteligências de escolha o voo livre, a expansão soberana da ideia.

O escritor de raça, o sociólogo profundo, o idealista irredutível e positivo, o observador agudo e fulgurante, não no-lo roubara a matemática, nem no-lo subtraíra a farda. Ressurgiu nele, com violência, o sonho dos primeiros anos da "Escola"; o poeta retomou o lugar do oficial e deu as mãos ao engenheiro, para que este pusesse a sua ciência, todo o seu objetivismo sólido e austero, ao serviço da beleza eloquente e da arte imortal e redentora.

Poucos saberão que o Sr. Euclides foi, em começo, um poeta: e, entretanto, a verdade é que a sua maneira definitiva, a formidável energia de expressão que hoje possui − liberto daquela síncope intermédia, que outra coisa não foram a sua preparação científica e a sua efêmera passagem pelo Exército, − liga-se àqueles primórdios, como o rio vasto e largo, que repele na sua foz o Oceano, também se prende, através das corredeiras apertadas e alígeras, às nascentes humildes, no flanco das terras altas.

Já em 1887 a sua lavra, "Fazendo Versos", escandalizava a Escola com estrofes desta ordem:

...Não tenho inda vinte anos
E sou um velho poeta. A dor e os desenganos
Sagraram-me mui cedo. A minha juventude
É como uma manhã de Londres, fria e rude;

....

Já vês, portanto: em mim, isto de versejar
É um meio de sofrer e um meio de gozar
E nada mais, palavra!...

Eu nunca li Castilho
Detesto francamente estes mestres cruéis,
Que atropelam a ideia entre "quebrados pés"
E vestem com um soneto esplêndido, sem erro,
Um pensamento torto, encarquilhado e perro,
Como um correto *frac* às costas de um corcunda,
Porque quando a paixão o nosso ser inunda,
E vibra-nos na artéria e canta-nos no peito
Como dos ribeirões no acachoante leito

Parar – é sublevar,
Medir – é deformar!

Eis aí o embrião dessa mentalidade forte e livre, que ainda agora, no atrevido prefácio do *Inferno Verde*, aponta à nossa literatura uma porção de horizontes novos e claros, de que com certeza hão de sorrir os partidários da pura forma, os pigmeus da beleza sem alvo e os impotentes da arte sem fundo nem preparo.

[...]

Não pretendemos, porém, exumar todas as velhas poesias do Sr. Euclides; o que desejamos é só estabelecer a ligação do que ele fez com o que ele foi.

A sua álgebra e a sua geometria deviam representar duas coisas bastante singulares. Passara o aluno pelo cálculo dos valores sem deixar a métrica, e seria curioso saber como podia ele entremear o estudo das relações entre as funções com a variação dos ritmos, ou entender decentemente a concepção do espaço, se era o primeiro a enchê-lo de tão deliciosas figuras.

Ainda em 1890, já portanto oficial, o Sr. Euclides esquecia-se frequentemente da sua balística para vestir alusões deste gênero:

D. Quixote

Assim à aldeia volta o da "triste figura",
Ao tardo caminhar do Rocinante lento;
No arcabouço dobrado – um grande desalento
No entristecido olhar – um laivo de loucura...

Sonhos e glórias, o amor a alcantilada altura
Do Ideal e da Fé, tudo isto num momento
A rolar, a rolar num desmoronamento,
Entre os risos boçais do Bacharel e o Cura...

Mas certo, ó D. Quixote, ainda foi clemente
Contigo a sorte, ao pôr nesse teu cérebro oco
O brilho da Ilusão do espírito doente.

Porque há coisa pior; e é o ir-se pouco a pouco
Perdendo qual perdeste um ideal ardente
Ardentes ilusões – e não se ficar louco.

O Brasil, nessa época, oferecia um aspecto deveras pitoresco.

Na vida social, estadeavam-se as mais artificiosas e balofas grandezas, imperando por toda parte uma ambição desbragada, intensa febre de ouro a contorcer-se no delírio de um milhão de bancos efêmeros, que viviam a multiplicar doidamente as suas emissões de papel moeda. O país inteiro parecia uma vasta bolsa tempestuosa, cheia de zangões audazes, que compravam fortuna e vendiam felicidade.

Na vida política, era a irrupção do comtismo fardado, a matemática de galões agrupada em derredor da figura aquilina e complacente do Generalíssimo, uma porção de capitães e majores, ainda úmidos do banho lustral da *Síntese Subjetiva* e mal iniciados nos quatro tomos admiráveis da *Política Positiva*, já governando estados e enchendo a Constituinte com o seu teorismo inconsequente, que devia fazer do nosso pacto fundamental um curioso documento de hipertrofia da liberdade.

Perderia o seu tempo quem nessa época procurasse entre nós o sentimento da poesia, que sempre constituiu e há de constituir o substrato do caráter nacional brasileiro.

[...]

Voltando ao Sr. Euclides, diremos que ele não pôde atravessar incólume o terrível período que se prolonga de Deodoro a Floriano.

Desde o dia em que o engenheiro e tenente legalista protestou, indignado, pela imprensa, contra a ideia, que alguém lembrara, de atirar-se cal aos cubículos onde permaneciam os presos políticos, o seu caminho ficou traçado. Era um militante – não servia para as armas. As grandes cóleras vingadoras de forma nenhuma se compadecem com a natureza do instituto militar, onde tudo deve ser acatamento, respeito, hierarquia, formulismo impassível.

O Sr. Euclides podia possuir todos esses predicados, mas para que o desequilíbrio se produzisse bastava que o seu próprio pensamento exuberante e incontinente principiasse a trabalhar.

Devia ser um civil e acabou sendo, desde que intimamente se convenceu da impossibilidade de adaptar o seu espírito à carreira das armas. Não trouxe rancores nem hostilidades; deixou uma porção de amigos que ainda hoje conserva, e saiu tranquilamente, como um homem que encontra por fim o seu destino e foge de torcê-lo.

Será exatamente esse o caso do Sr. Alberto Rangel?

Infelizmente não possuímos informações completas a respeito da personalidade do autor do *Inferno Verde*. O que sabemos é que ele, ao retirar-se do Exército, escreveu um fascículo, *Fora de Forma*, panfleto quente, muitas vezes injusto, revelador de aversões radicais, se não de uma forte antipatia que deve ser condenada, porque, em tese, nada a justifica.

O seu divórcio das armas foi portanto estrepitoso, e convém deixar bem acentuados estes primeiros traços diferenciais entre os dois egressos da farda, que constituem objeto de nosso comentário.

A Política Internacional Argentina e os Armamentos*

A situação internacional mostra-se nublada e incerta depois da Conferência de Santiago. Suscitaram-se desconfianças e suspeitas. Criou-se artificialmente uma "questão internacional" não definida nem concretizada, mas que se libra no ar como nuvem de repentina tormenta, ameaçando-nos com a carreira perniciosa das despesas bélicas sem limite.

Tal estado de coisas não corresponde, felizmente, a causas fundas de antagonismo, ódio ou litígio da Argentina com nenhuma nação irmã. É necessário estudar este assunto com serenidade e clareza, analisar os fatos ocorridos que nos revelam a marcha seguida e afogar o verbalismo e o alarmismo que turvam a verdade e extraviam o critério do público.

Antecedentes do Tema XII

Toda a questão gira em derredor do tema XII da Conferência Pan-Americana. Qual o verdadeiro sentido desse tema XII? O governo do Chile foi o autor da proposta para que se incluísse a limitação dos armamentos no programa da Conferência,

---

* *In: Vários*. Rio de Janeiro: Typ. do Jornal do Commercio, de Rodrigues & Cia, 1909, pp. 1-11.

quando se discutiu em Washington esse programa. A moção chilena foi redigida nos seguintes termos: "Adoção de uma convenção destinada a limitar em proporções iguais as despesas militares e navais dos países interessados." O propósito que inspirou o Chile foi, sem dúvida, nobre e sincero: "Quisemos fazer alguma coisa, o que pudéssemos, para evitar a paz armada, disse o ministro de Relações Exteriores do Chile na Câmara dos Deputados. A nossa iniciativa estava no ambiente, e se o tema não tivesse sido proposto por nós, o teriam proposto outros países, talvez os Estados Unidos, que acabavam de reunir em Washington a Conferência do Desarmamento das grandes potências mundiais." (Sessão de 16 de maio de 1923.)

A Atitude do Brasil

Quando foi apresentado este tema, o Brasil apresentou as suas observações desde o primeiro momento e expôs publicamente o seu ponto de vista, que era o seguinte: 1) Aceitava em princípio a ideia, porém fazia objeção à redação da fórmula, e à base de proporcionalidade insinuada pelo Chile; 2) considerava indispensável que, antes de ir à Conferência plenária de Santiago, se estudasse e discutisse previamente o tema entre a Argentina, o Brasil e o Chile, que são as nações às quais a questão interessava mais diretamente.

A moção do Chile foi tratada na Junta Pan-Americana de Washington na sessão de 22 de novembro de 1922, e nessa ocasião o Brasil formulou as suas reservas, a que o Chile atendeu, declarando o seu delegado que não tinha inconveniente em modificar a sua proposta. A essa importantíssima sessão não compareceu o representante da República Argentina, ausência que, segundo telegrafou aos jornais a Associated Press, foi muito comentada. Nomeou-se uma comissão composta dos delegados do Brasil, Chile, Uruguai, Equador e Costa Rica para que preparassem a redação do tema XII. A Argentina não fez parte dessa comissão; o nosso representante nem sequer esteve presente à sessão da Junta e a nossa chancelaria parece que deixara abandonado e descuidado este delicado assunto.

A 27 de novembro o secretário de Estado Hughes sugeriu a nova forma do tema XII, assim concebida:

"Consideração da redação e limitação das despesas militares e navais sobre uma base justa e prática", que foi aprovada na sessão de 8 de dezembro pelo voto unânime dos países representados, inclusive da República Argentina, cujo delegado, que era nesse momento o secretário da Embaixada em Washington, compareceu a essa sessão.

A atitude assumida pelo Brasil e os acontecimentos dela derivados podem ser resumidos nos seguintes fatos: *a)* o

Brasil julgou que a tese XII apresentada pelo Chile, propondo a discussão da limitação dos armamentos numa proporção igual, era inconveniente para os seus interesses, máxime numa sessão plenária em que se deviam tratar múltiplos assuntos complexos e, sobretudo, quando o exame das condições das 21 nações americanas, exame rápido com tempo fatalmente exíguo, não permitiria um juízo sereno e seguro da situação especial de cada país; *b*) O Brasil, assim pensando, tratou de obter a retirada, ou pelo menos, a modificação do tema XII; *c*) Como resultado das negociações do Brasil, o secretário de Estado dos Estados Unidos, Sr. Hughes, propôs uma emenda à tese XII, substituindo as palavras "em proporção igual" pelas seguintes "sobre uma base justa e prática"; *d*) Essa emenda foi aceita unanimemente; mas o Brasil, dando-lhe o seu voto, lançava a ideia na reunião preliminar proposta, afirmava categoricamente que: "nesse convite não introduzimos nenhum pensamento sistemático tendente a aumentar, diminuir ou limitar coercitivamente a força naval e militar de cada uma das nossas três Repúblicas" [...] "o único propósito que nos anima é considerar, com acentuada orientação pacifista, a situação em que se encontra cada uma das nossas respectivas nações, e, como a opinião prévia dos técnicos e especialistas mediante um necessário exame preliminar feito pelos mesmos, ajustar, então, um entendimento cordial que não prive nenhum de nós do direito de organizar como melhor entenda a defesa da sua segurança, tanto interna como externa, *porém que nos conduza a todos o mais rapidamente possível à fixação de uma base justa e prática que evite a progressão dos orçamentos militares*".

Como um comentário a esse convite, tão claramente feito, o chanceler brasileiro declarava publicamente a 8 de dezembro de 1922 que o seu governo queria ter com a Argentina e o Chile uma conversação de amigos e assegurava, de modo terminante, que o Brasil iria a essa Conferência sem ponto de vista irredutível.

Formula-se – acrescentava o chanceler brasileiro – a objeção de não termos convidado os demais países da América; as demais nações da América, entretanto, não têm motivo para se sentir melindradas, uma vez que os seus coeficientes de poder bélico não constituem quantidades ponderáveis. Por outro lado, fazê-los participar da reunião preliminar originaria, possivelmente, friezas em vez de aproximações, pois talvez a Argentina, o Chile e o Brasil tivessem de sustentar cada qual na discussão ideias divergentes e quisessem exercer uma lógica ação de proselitismo em detrimento da maior união da América do Sul (Entrevista com o ministro das Relações Exteriores do Brasil, *La Nación* de 2 de dezembro de 1922.)

O governo argentino recebeu o convite oficial do Brasil a 4 de dezembro, e 48 horas depois, respondeu negando-se a comparecer.

Negativa do Governo Argentino e suas Consequências

A resposta do governo argentino ao governo brasileiro, de 6 de dezembro, começa por declarar que recebeu com satisfação a proposta chilena e assim também o desejo manifestado pelo Brasil de alvitrar meios práticos para levá-la a bom fim; mas "o princípio de solidariedade continental ampla e cordial que a República argentina sustenta coloca este governo na obrigação de meditar antes de comparecer a reuniões parciais, sobre temas que estão destinados ao debate geral".

Tal forma de encarar a questão por parte do nosso governo foi, sob todos os pontos de vista, errada; a solidariedade continental não era de modo nenhum prejudicada, porque as únicas três potências verdadeiramente interessadas no tema XII discutiram particularmente esse ponto e esboçariam uma solução antes da Conferência plenária, solução que seria submetida a esta assembleia. Não se subtraía de maneira alguma o tema ao debate geral; pelo contrário, a reunião parcial de Valparaíso teria facilitado esse debate geral, levando ao Congresso Pan-Americano soluções estudadas pelos interessados de comum acordo e num ambiente de confiança e de cordialidade. "Desejamos evitar uma atitude – dizia a chancelaria argentina – que poderia chegar a ser interpretada com receio por alguns países irmãos deste continente, e é por isso que, admitindo a utilidade prática de cotejar elementos de juízo e preparar tarefas que eliminem dificuldades futuras, devemos facilitar uma oportunidade igual a todos os países da América para intervir tanto no estudo como na solução do problema."

A nossa chancelaria reconhecia que a reunião para a qual era convidada pelo Brasil tinha utilidade prática e que prepararia tarefas que eliminariam dificuldades futuras; mas apesar disto negava-se a comparecer não por fatos ocorridos ou por motivos positivos, mas sim simplesmente só pelo receio de um ressentimento eventual por parte das outras nações, que não têm interesse efetivo direto na questão dos armamentos.

Essas outras nações não ficavam excluídas da intervenção no problema, porquanto o tema seria, em todo caso, estudado na Conferência de Santiago.

Acresce que não procedia o temor de que as outras nações pudessem ressentir-se pelo fato dos países de A. B. C. tratarem entre si da questão de desarmamento em Valparaíso, pois no momento em que a chancelaria argentina alegava esse temor, estavam reunidas em uma conferência parcial as 5 nações da América Central tratando de combinar a redução dos seus armamentos, convenção que foi concluída e assinada no mês de fevereiro deste ano, um mês antes da Conferência plenária de Santiago.

A outra alegação do ministro Le Breton, signatário da nota argentina, é ainda mais leviana, e vou transcrevê-la textualmente: "O tempo que temos diante de nós é, além disso, muito curto, pois que, não conhecendo ainda o programa adotado, não tivemos ocasião de designar os nossos representantes e estudar os temas com os seus pormenores informativos." Será uma ingênua confissão de que o nosso governo não estava preparado para tratar de pronto a questão dos armamentos? Que pretendia o governo do Dr. Alvear com essa atitude negativa?

Ir ao Congresso de Santiago sem se entender com o Chile e o Brasil, sem saber de ciência certa qual era o ponto de vista das suas chancelarias, e discutir assim, nessas circunstâncias, o tema XII na assembleia das 21 nações, das quais somente três eram as realmente interessadas? Como é possível ter pensado em proceder desta forma, tratando-se de questões tão graves, como as atinentes à defesa nacional? Em toda a parte do mundo civilizado, os problemas desta índole não se submetem à decisão de um Congresso numeroso de nações, no qual podem primar determinadas tendências ou manobras políticas de um governo ou de um grupo de países sem que tenha havido um acordo ou uma inteligência prévia entre os interessados. Na Conferência sobre limitação de armamentos de Washington estiveram presentes 9 nações, e o acordo sobre o desarmamento limitou-se aos cinco países interessados na questão: Estados Unidos, Inglaterra, Japão, França e Itália. Nem a Bélgica, nem a China, nem os Países Baixos, nem Portugal, foram parte nesse acordo, não obstante ter assistido à Conferência geral. A reunião de Valparaíso ter-nos-ia conduzido a uma solução na limitação de armamentos ou, pelo menos, teria sido exposto reciprocamente entre o Brasil, a Argentina e o Chile o critério definitivo de cada país a esse respeito. Mas a política de nosso governo, que impediu essa reunião preliminar, conduziu-nos à situação de comparecer em Santiago, ignorando absolutamente os pontos de vista definitivos do Brasil e do Chile, e sabendo de antemão – como todos os vaticinaram – que a limitação dos armamentos se frustraria. O único processo possível para se chegar a uma solução satisfatória nesta matéria era, portanto, o de uma inteligência prévia entre os países do A. B. C.

Fora dessa política só havia lugar para desconfianças e receios, esfriando a cordialidade que deve reinar entre irmãos e dando início à competição desenfreada e ruinosa das aquisições bélicas.

Pátria, Bandeira, Imprensa, Exército.
(Páginas Antigas e Conceitos ainda Atuais)*

Ao diretor da Escola de Estado Maior do Exército, General Estevam Leitão de Carvalho, meu capitão comandante e instrutor, em 1917-1918, no Tiro de Guerra 525, e cuja cultura, patriotismo e alta capacidade profissional e técnica me coube mais tarde, como ministro das Relações Exteriores (1922-1926), a satisfação de aproveitar na Conferência de Santiago e nos trabalhos da Delegação do Brasil junto à Liga das Nações.

Homenagem afetuosa e agradecida

Discurso pronunciado a 23 de setembro de 1917 na sessão solene da instalação do Tiro Brasileiro da Imprensa

Exmo. Sr. ministro da Guerra;
Sr. general inspetor da Região;
Minhas senhoras;
Meus senhores;
meus caros camaradas do Tiro da Imprensa:

---

* *In*: *Vários*. Rio de Janeiro: Typ. do Jornal do Commercio, de Rodrigues & Cia, 1909, pp. 4-9.

Nunca me foi tão difícil o uso da palavra como nesta ocasião, a um tempo modesta e soleníssima, em que me devo despir de minha personalidade na investidura da vossa.

Homens do ofício, vivemos pensando, perquirindo, escrevendo e compondo; mas a nossa linguagem não se articula em vozes, pois não exprimimos propriamente pela boca, e sim apenas pela destra.

Quer isso dizer que, com o hábito constante da escrita, desacertamos por força o passo na oratória.

Felizmente, o lugar, aqui, não é de retórica, mas da sinceridade patriótica, que não se perde em vanilóquios ou tropos, e sabe achar a poesia na consciência exata do dever cívico, que toca e obriga a todos, na indistinção geral das classes, quando o país se ajunta ao redor do pendão sagrado.

O meu discurso seria um amontoado vão de frases ocas, se eu quisesse empregar a delegação recebida para me sobrepor à lisura de vossos desígnios.

Prefiro enquadrar-me no objetivo sadio que vos anima e afirmar, com singeleza, em vosso nome, o pensamento honesto e chão, que inspirou à mocidade da imprensa a fundação de mais uma sociedade de tiro.

Essa mocidade, que não difere das outras em que se reparte a comunhão jovem do Brasil, vem jurar também a sua fé na pátria, e assumir, perante as mais altas autoridades militares e perante a própria nação, o compromisso de adestrar-se para defender a bandeira.

Pátria... bandeira...

Não há no mundo duas expressões mais fortes, nem mais comoventes do que essas. A morada comum, o solo irmão e unido em que afundamos e confundimos as nossas raízes, o céu igual, que nos cobre e nos beija, reclama de todos o mesmo devotamento abnegado e gera e suscita um só e idêntico e unânime entusiasmo, do qual brota, espontânea, a maravilhosa flor, alimentada na tradição e na glória da extinta idade, para perfumar outros anelos do porvir.

Mas esse profundo amor, que tudo ao derredor de nós nos comunica, a coesão instintiva da raça, precisa concretizar-se num símbolo menos irreal, e então a Bandeira.

Casam-se assim a fé e o dever, estabelecendo uma segurança de destino e afirmando de modo alto aquilo que se chama, e ninguém ouse negar-nos, o espírito da nacionalidade.

É esse espírito, obliterado longos anos no torpor e na modorra enfermiça de nossos erros, que acorda, agora, no Brasil, e refulge outra vez como um clarão, levantando as almas e encarreirando-se pela estrada larga e purificadora em que cada um possa receber o banho lustral da ideia nova, que não significa um arremesso de imprudência, mas a tranquilidade calma e eficiente, sem a qual não há povo nenhum seguro de seu futuro.

Os rapazes da imprensa não podiam ficar estranhos e alheios a esse frêmito consolador, que sacode, num movimento de saúde, a mocidade do país inteiro.

Passou, definitivamente, o tempo dos picavecos e incréus. Ser moço, hoje, é ser forte, mas forte não de fortaleza insólita e tumultuária, que envergonha e, por assim dizer, envelhece a juventude nos desmandos do vício, da incontinência e do servilismo, e sim forte da resistência disciplinada, que educou os músculos para o serviço da virtude e dispôs o espírito para aderir estreitamente ao que for justo, patriótico, belo e direito.

Nós do jornalismo vivemos no mais aceso do turbilhão da vida, e ao contrário dos outros que passeiam calmamente à margem dos acontecimentos, andamos dentro do próprio vórtice estonteante. Escravos do áspero ofício, somos talvez julgados pela maioria com injustiça, pagando não raro pelo que não fazemos, e responsáveis até pelo que apenas refletimos e divulgamos, na desobriga da função penosa, quando, às mais das vezes, constituímos apenas os fixadores e transmissores das impressões que remoinham no ambiente social convulso.

Não falta por aí quem, no seu azedume, nos atribua o ingratíssimo papel de espelho exato e expoente máximo da formidável confusão reinante na sociedade brasileira atual.

Não devemos discutir o fundo de verdade relativa, que exista porventura nesse duro conceito; mas estamos na obrigação, como moços que se prezam e ciosos de seu patriotismo, de contribuir, na medida de nossas forças, para modificar essa má atmosfera, em que figuram e preponderam tantos fatores dissolventes, entre os quais não é decerto o maior a influência meramente reflexa da imprensa.

No jornalismo, ao invés do que se pensa e do que se diz, não trabalham almas danadas, nas quais houvesse mirrado para sempre a flor fecunda em cujas três pétalas de ouro se inscrevem a honra, o patriotismo e o ideal. Uma profissão servida totalmente por moços, que não repelissem, com a lição do seu exemplo, o despropósito dessa increpação, seria mais do que chaga viva no corpo da sociedade, um opróbrio para o país e um verdadeiro perigo moral a remover e corrigir.

A Defesa Nacional Comemorativa
da Independência do Brasil*

O Brasil inteiro freme de júbilo e se alvorota, ufano, preparando-se para comemorar dignamente, no dia de hoje, o centenário de sua emancipação política.

Há um largo sopro de ressurgimento, claramente perceptível na palpitação desse entusiasmo.

Mas nós somos, ainda agora, a certos respeitos, um país que quase se não conhece a si mesmo. Nos processos de nossa evolução, que a desorientação geral dos espíritos tanto tem embaraçado, muito movimento salutar de ideias escapa ao conhecimento do grosso público, cuja atenção, em geral, não se preocupa com o desenvolvimento das propagandas sólidas e lentas.

É, entretanto, esse apostolado obscuro e pertinaz, a que alguns consagram devotadamente as suas energias, a verdadeira mola de certos progressos e adiantamentos, que acabam enchendo de satisfação a alma nacional. O esforço subterrâneo e silencioso desses verdadeiros patriotas pode, assim, às vezes, surpreender com orgulho a indiferença dos outros e mostrar como se alcançam, pelo trabalho e pela fé, triunfos

---

* *In*: *Vários*. Rio de Janeiro: Typ. do Jornal do Commercio, de Rodrigues & Cia, 1909, pp. 21-5. Laudas publicadas no número da *Revista de Assuntos Militares*.

consoladores, que nos paguem, com a nobre alegria do dever conscienciosamente cumprido, as fadigas passadas e os aborrecimentos sofridos no longo jornadear em prol de um ideal que corresponda à veemência e ao desinteresse de nosso sentimento cívico.

Deve ser esse, por força, o estado de alma do grupo mantenedor desta excelente revista, que tanto tem feito pela construção e ordenação do pensamento militar no Brasil.

Falta apenas um mês para que a *Defesa Nacional* complete a nona volta anual no curso de sua prestimosa e brilhante carreira. Emprego de propósito a palavra "volta", porque é a que logo me acode para fixar a nobre persistência do programa desenvolvido nos oito opulentos volumes, que aqui tenho encadernados diante de mim, e nos fascículos, ainda por encadernar, do ano que não termina. Cada série de doze números dessa benemérita publicação repete energicamente, na etapa imediata, os pontos de vista do começo, multiplicando fecundissimamente os temas de sua ação educadora, sempre dentro dos princípios e do rumo geral traçado no artigo de apresentação.

Reside nisso mesmo o mérito principal e o profícuo valor da lição de confiança e de patriotismo sadio e batalhador, que este belo mensário técnico representa. Quando se percorre, como eu acabo de percorrer, a importante coleção, a impressão imediata que nos fica é a de uma elevada tenacidade de propósito, vencendo galhardamente todos os motivos de desânimo, e caminhando invariavelmente para diante, sem o mínimo desfalecimento.

Essa obstinação patriótica honra sobremodo os redatores e colaboradores d'*A Defesa Nacional*, e é um seguro penhor de que o magno problema da organização eficiente de nosso Exército entrou realmente numa fase de realizações definitivas. O impulso adquirido não mais permitirá novas pausas ou retrocessos, e não tenhamos dúvida que, se o perigo surgir de se desandar o caminho andado, o núcleo forte, que acelerou aquele progresso, será uma barreira contra esse funesto e imperdoável recuo.

Não há que parar na senda que com tanta resolução hoje se trilha. Encerrou-se, de fato, a era do acaso e da inércia diante da necessidade nacional mais palpitante, que vem a ser esta: compor com eficiência a tropa na disciplina e no preparo, entregando-se resolutamente a direção profissional e técnica do Exército aos seus valores reais, afirmados no estudo sem interrupção e na prática contínua do ofício, de sorte a habilitar, todos os anos, a juventude, que tiver de ser incorporada, a receber do melhor modo o grande banho de saúde, de força e de civismo, do que hão de resultar necessariamente para a nação os maiores benefícios e vantagens.

Condoreiro*

Tem venenos na voz... Contra tudo blasfema...
Traz, no seio, um deserto e charcos nos olhares,
Um deserto sem fim, charcos sem nenúfares...
Vive na ânsia cruel da revolta suprema...

– Injustos, vede bem! Gravado, como um lema,
Exibe sempre o amor. Seus olhos são dois luares,
Nunca mudou seu riso em sórdidos esgares,
Nem há coração bom e leal por que não trema.

Pela amplidão do azul, entre nuvens de arminho
Altívolo condor que as asas no alto espalma,
Voa, sereno, voa em procura de um ninho...

E a doce aspiração de seu poema divino
É só a de abafar e a de extinguir-lhe n'alma
O surdo badalar monótono de um sino!

---

* *In*: *Poesias*. Rio de Janeiro: Jacintho Ribeiro dos Santos, 1914, p. 35.

Despedida*

Imaginais talvez que a vida se resuma
Nessa quimera azul em que vos sinto imersa
E nem sabeis prever que, todas, uma a uma,
As graças rolarão pela vertente adversa.

Embriagam-vos a luz e os risos da alvorada
E esquecei-vos do inverno inclemente que mata.
Mas a noite sem alma irromperá na estrada,
Enchendo o vasto céu com lágrimas de prata.

Deu-vos asas o amor. Subiste, na inconstância
E andais agora a voar suspensa no áureo sólio,
Convencida talvez de que enorme distância
Vos isola e mantém no alto do capitólio.

Um passo entanto só, um passo e nada mais,
Da Tarpeia infeliz vos afasta e separa
Breve podeis tombar, entre soluços e ais
E eu não quero sofrer a mesma sorte ignara.

---

* *In*: *Poesias*. Rio de Janeiro: Jacintho Ribeiro dos Santos, 1914, pp. 37-8.

A mim não me seduz essa estranha nevrose
Prefiro ao céu sem fim as angústias que trago.
Vós supondes o azul remanso em que se goze
E eu só vejo falcões nesse plácido lago.

Não me tenta a ilusão que vos sustem nos ares,
Pois na queda fatal tudo se perde e some
Grande noite polar de gélidos luares,
Ensinai-lhe o que é o frio e dizei-lhe o que é a fome!

Panóplia Azul*

Artista é o gravador que usa um buril de gemas,
Na ânsia da perfeição que tudo encarne e exprima.
Do esforço pertinaz irrompe a flor da rima,
Desabrochando ao sol para enastrar os poemas.

O arco pagão alcei contra as deusas supremas
E o florete gentil compus na doce esgrima.
A lança da ilusão brandi, que fere e anima.
E sobre alfanjes de ouro estadeei meus lemas.

É o meu troféu de amor a recordar vitórias,
Apolo varonil cobiçoso de glórias,
Bati-me como um leão, entre beijos e alarmas.

Hoje tudo passou no sonho incerto e vago...
Mas, junto ao coração, como símbolos, trago,
Numa panóplia azul, essas antigas armas!

---

* *In*: *Poesias*. Rio de Janeiro: Jacintho Ribeiro dos Santos, 1914, pp. 53-4.

A Glória*

Sobe-se. Brilham sóis. A luz embriaga. Vibra,
Nas alturas, um poema, a hosana dos eleitos.
Veem-se, em baixo, milhões de castelos desfeitos.
Sobe-se mais, mais alto ainda. A alma se libra.

– Águia de asas de ferro, – aos mundos mais perfeitos
E nas altas regiões longínquas se equilibra.
A alma de Ícaro audaz nos pulsa em cada fibra
E Atlas e Prometeu nos animam os peitos.

Blocos sem expansão de Paros e Carrara,
Que genial escultor pagão vos animara!
Glória, que negro arcanjo os teus pórticos veda?

Argonautas em vão buscais o grande porto:
A glória, ó águias reais, vereis depois da queda.
É sempre o vão laurel de um cavaleiro morto!

---

* *In: Poesias*. Rio de Janeiro: Jacintho Ribeiro dos Santos, 1914, pp. 59-60.

Perséfone*

Velhos mitos pagãos da Grécia das legendas!
Fantásticas ficções douradas do Levante!
Perséfone fugiu do báratro distante,
E anda agora a correr outras estranhas sendas!

Tem vermelhos vulcões na túnica de rendas.
Chamas lambem-lhe os pés, sobem-lhe colo adiante.
Mudam-lhe o rosto em fogo e a cabeça triunfante,
Conserva o resplendor das trevas e das lendas!

Não lhes faleis de amor, poetas cegos e vários!
Perséfone fugiu dos diabos e do inferno
Para vos seduzir... Fechai vossos hinários!

Ela não pode amar... Plutão, por mal eterno,
Ao corpo ideal lhe deu as chamas por vestuários,
Mas na alma infiel lhe pôs toda a algidez do inverno!

---

* *In*: *Poesias*. Rio de Janeiro: Jacintho Ribeiro dos Santos, 1914, pp. 61-2.

O Poeta e o Tempo*

São sempre iguais na idade os deuses e as quimeras.
O poeta é um deus também. Pertence-lhe o infinito.
Perdido na amplidão sempiterna do mito,
Fica de todo alheio ao desfilar das eras.

Sucumbam gerações no círculo restrito
E passem no vaivém sem fim, as primaveras
O poeta há de viver, para além das esferas,
Magnífico e imortal na glória do seu rito.

Eclípticas de sóis, movimentos dos astros,
Outonos e verões correndo atrás dos invernos,
Tudo isso diz que o mundo anda também de rastros.

A própria formosura é vã nesses infernos:
o sepulcro dispersa em pó os alabastros.
Unicamente Deus e os poetas são eternos.

---

* *In: Poesias*. Rio de Janeiro: Jacintho Ribeiro dos Santos, 1914, pp. 63-4.

Luxúria Branca*

Precocemente vinda
À terra onde se goza,
Andas assim esquecida.
Tu não nasceste ainda
Para a vida.
Para a fecundação da luz maravilhosa,
Tudo, tudo,
Rosa
Adormecida.
No próprio seio mudo,
Mal aberta, obscura,
Ainda não te acalenta
O flavo sol enamorado
Nem sabes quanta paz, nem que enorme doçura
Há num beijo do luar.
Anda uma sombra ao teu lado
E nada vês.
Olhar e não olhar
É, para os teus olhos,
Sem expressão, sem iras, sem mercês,
A mesma coisa.

---

* *In*: *Poesias*. Rio de Janeiro: Jacintho Ribeiro dos Santos, 1914, pp.119-121.

Pouco te importa um berço ou uma lousa.
Os faróis e os escolhos,
Os pássaros e as feras,
Invernos e verões, outonos, primaveras
Têm o mesmo valor
Em tudo são iguais
A guerra e a paz,
O amor
E a morte.
A estrela, o sapo,
O crepúsculo, a aurora,
O norte
E o sul,
Uma nuvem, um trapo,
O ente que ri, o ente que chora,
O azul
E o lodo,
O dia, a noite,
Um espinho, uma rosa, um beijo ou um açoite.
Todo o universo que vês é um só nevoeiro imenso
E denso,
Branco, uniforme, impreciso,
Um nevoeiro vago,
O caos de onde sairão inferno e paraíso,

O campo, o vale, o monte, o rio, o mar, o lago,
Quando chegar o tempo onipotente,
O sopro animador, o grande sopro forte
Dia virá – o céu escute o crente! –
Em que, mulher então, púbere o seio,
O olhar já distinguindo a vida e a morte,
Desenvolto o quadril, o sangue ardente,
No mesmo vivo e carinhoso enleio,
A boca entregue às expansões do beijo,
Estos de amor vencendo o pejo,
Meu belo e delicado crisântemo,
Lado a lado a voar no céu risonho,
Comigo subirás, num êxtase supremo,
Ao sonho!

Núpcias da Morte*

Foi céu tranquilo e azul, foi rosa branca e lago,
Um símbolo de paz, uma columba mansa...
Mas hoje o coração fechou-se-lhe e descansa.
Parado e morto, o olhar recorda um sonho vago...

Defunta, aqui me tens! Como ofertório, trago,
Para te reanimar, a luz de uma esperança.
Trago-te minha dor, meu estro e minha lança.
Quero ser teu senhor, teu servo e teu orago.

Perdeste as ilusões na angústia prematura
E, de viva e sutil, mudaste em sóbria e forte.
Recobrindo de luto a própria formosura.

Mas eu partilharei contigo a horrível sorte.
Toda alma aflita e ansiosa outra alma procura
Dá-me teu braço e vem para o himeneu da morte!

---

* In: *Poesias*. Rio de Janeiro: Jacintho Ribeiro dos Santos, 1914, pp. 135-6.

Intangível*

Há no teu corpo em flor, que o outono simboliza,
A volúpia enervante e morna das surdinas.
Intangível e só, repeles e dominas.
És metade Lucrécia, e outra metade Heloísa.

Trazes contigo um sol, a redourar-te as ruínas,
No encanto vesperal, que emurchece e agoniza.
Miro-o com febre e amor e ei-lo que me eteriza.
Desfeito em espiral das essências divinas.

Nunca pude abraçar teu busto olente e régio
E apenas o contemplo e o sinto, aspiro apenas
O perfume que cerca o alvo mármore egrégio.

Fogem de ao pé de ti os faunos a que acenas.
A muralha aromal impede o sacrilégio.
Tudo com teu perfume enervas e envenenas!

---

* *In*: *Poesias*. Rio de Janeiro: Jacintho Ribeiro dos Santos, 1914, p. 138.

Série Essencial

001 Oswaldo Cruz, *Moacyr Scliar*
002 Antônio Houaiss, *Afonso Arinos, filho* | *1.ª ed., ABL, esgotado.*
003 Peregrino Júnior, *Arnaldo Niskier*
004 João do Rio, *Lêdo Ivo*
005 Gustavo Barroso, *Elvia Bezerra*
006 Rodolfo Garcia, *Maria Celeste Garcia*
007 Pedro Rabelo, *Ubiratan Machado*
008 Afonso Arinos de Melo Franco, *Afonso Arinos, filho*
009 Laurindo Rabelo, *Fábio Frohwein de Salles Moniz*
010 Artur Azevedo, *Sábato Magaldi*
011 Afonso Arinos, *Afonso Arinos, filho*
012 Cyro dos Anjos, *Sábato Magaldi*
013 Euclides da Cunha, *José Maurício Gomes de Almeida*
014 Alfredo Pujol, *Fabio de Sousa Coutinho*
015 João Cabral de Melo Neto, *Ivan Junqueira*
016 Ribeiro Couto, *Elvia Bezerra*
017 José do Patrocínio, *Cecilia Costa Junqueira*
018 Bernardo Élis, *Gilberto Mendonça Teles*
019 Teixeira de Melo, *Ubiratan Machado*
020 Humberto de Campos, *Benicio Medeiros*
021 Gonçalves Dias, *Ferreira Gullar*
022 Raimundo Correia, *Augusto Sérgio Bastos*
023 Rachel de Queiroz, *José Murilo de Carvalho*
024 Alberto de Oliveira, *Sânzio de Azevedo*
025 Álvares de Azevedo, *Marlene de Castro Correia*
026 Alberto de Faria, *Ida Vicenzia*
027 Machado de Assis, *Alfredo Bosi*

028	Álvaro Moreyra, *Mario Moreyra*
029	Austregésilo de Athayde, *Laura Sandroni*
030	Antônio José da Silva, *Paulo Roberto Pereira*
031	Afrânio Coutinho, *Eduardo Coutinho*
032	Sergio Corrêa da Costa, *Edla van Steen*
033	Josué Montello, *Cláudio Murilo Leal*
034	Mário Cochrane de Alencar, *Flávia Amparo*
035	Alcântara Machado, *Marco Santarrita*
036	Domício da Gama, *Ronaldo Costa Fernandes*
037	Gregório de Matos, *Adriano Espínola*
038	Magalhães de Azeredo, *Haron Jacob Gamal*
039	Visconde de Taunay, *Mary del Priore*
040	Graça Aranha, *Miguel Sanches Neto*
041	Luiz Edmundo, *Maria Inez Turazzi*
042	Coelho Neto, *Ubiratan Machado*
043	Lafayette Rodrigues Pereira, *Fabio de Sousa Coutinho*
044	Júlio Ribeiro, *Gilberto Araújo*
045	Castro Alves, *Alexei Bueno*
046	Vianna Moog, *Luis Augusto Fischer*
047	Augusto de Lima, *Paulo Franchetti*
048	Celso Cunha, *Cilene da Cunha Pereira*
049	Antonio Callado, *Ana Arruda Callado*
050	Goulart de Andrade, *Sânzio de Azevedo*
051	Araripe Júnior, *Luiz Roberto Cairo*
052	Matias Aires, *Rodrigo Petronio*
053	Pardal Mallet, *André Seffrin*
054	Teófilo Dias, *Wellington de Almeida Santos*
055	Félix Pacheco, *Marcos Santarrita*

IMPRENSA OFICIAL DO ESTADO DE SÃO PAULO

Coordenação Editorial: *Cecília Scharlach*
Assistência Editorial: *Ariadne Martins*
Assistência à Editoração: *Ana Lúcia Charnyai*
Fernanda Buccelli
Marilena Camargo Villavoy
Marli Santos de Jesus
Teresa Lucinda Ferreira de Andrade
Editoração, CTP, Impressão e Acabamento: *Imprensa Oficial do Estado de São Paulo*

Proibida a reprodução total ou parcial sem a autorização
prévia dos editores

Direitos reservados e protegidos
(lei nº 9.610, de 19.02.1998)

Foi feito o depósito legal na Biblioteca Nacional
(lei nº 10.994, de 14.12.2004)

Impresso no Brasil

Formato: *13 x 18,5 cm*
Tipologia: *Caslon*
Papel Capa: *Cartão Triplex 250 g/m²*
Miolo: *Chamois Fine Dunas 120 g/m²*
Número de páginas: *68*
Tiragem: *2000*

Rua da Mooca, 1.921 Mooca
03103 902 São Paulo SP
sac 0800 01234 01
sac@imprensaoficial.com.br
livros@imprensaoficial.com.br
www.imprensaoficial.com.br

GOVERNO DO ESTADO DE SÃO PAULO

Governador: *Geraldo Alckmin*

Secretário Chefe da Casa Civil: *Sidney Beraldo*

IMPRENSA OFICIAL DO ESTADO DE SÃO PAULO

Diretor-presidente: *Marcos Antonio Monteiro*

CONSELHO EDITORIAL

Presidente: *Carlos Roberto de Abreu Sodré*

MEMBROS

Cecília Scharlach

Eliana Sá

Isabel Maria Macedo Alexandre

Lígia Fonseca Ferreira

Samuel Titan Jr.